POËME

DE

L'AME CHRÉTIENNE

PAR

VALENTINE BENOIT

PARIS

E. PLON ET Cie, IMPRIMEURS-ÉDITEURS

10, RUE GARANCIÈRE

1883

POËME

DE

L'AME CHRÉTIENNE

PARIS. TYPOGRAPHIE DE E. PLON ET Cie, RUE GARANCIÈRE, 8.

POËME

DE

L'AME CHRÉTIENNE

PAR

VALENTINE BENOIT

PARIS
E. PLON ET Cie, IMPRIMEURS-ÉDITEURS
10, RUE GARANCIÈRE

1883

[illegible]

[illegible]

[illegible]

[illegible]

[illegible]

[illegible]

A MA MÈRE

PRIÈRES

PENDANT

LA SAINTE MESSE

PRIÈRES
PENDANT LA SAINTE MESSE

PRIÈRE AVANT LA MESSE

Seigneur, pour assister au divin sacrifice,
Au pied de votre autel me voici prosterné ;
Faites que mon esprit, durant le saint office,
De ce devoir sacré ne soit pas détourné.
Que ma foi chancelante en vous se fortifie ;
De mon âme augmentez la timide ferveur,
Que de toute souillure elle se purifie,
En lavant ses péchés dans le sang du Sauveur.
Pour remercier Dieu, dont la bonté m'accorde
Le pardon que mon cœur sollicite en ce jour,
A tous mes ennemis je fais miséricorde,
Et pour eux je n'ai plus que des pensers d'amour.

Ainsi soit-il !

COMMENCEMENT DE LA MESSE

INTROIT.

Quels sentiments de crainte et d'amour, ô mon Maître,
Ne dois-je pas avoir au moment de paraître
En présence de vous ? Très-sainte Trinité,
Je reconnais, hélas ! dans mon humilité,
Que malgré mon désir ardent, pur et sincère
De vous glorifier comme il est nécessaire,
Mon cœur, par le remords jusqu'alors abattu,
N'a point assez de force et surtout de vertu,
Pour rendre témoignage à la Toute-Puissance.
Pénétré de respect et de reconnaissance,
Je viens pour adorer, avec recueillement,
De votre majesté l'auguste abaissement.

Mon Dieu, d'un tel honneur si je suis trop indigne,
Daignez, par le secours d'une faveur insigne,
Mettre en moi désormais plus de foi, de piété,
Et plus de confiance en votre charité ;
C'est la grâce d'en haut qu'en ce jour je réclame,
Pour éclairer mon cœur, sanctifier mon âme ;
Puis-je à mon Créateur la demander en vain,
Quand son Fils a pour moi versé son sang divin?
Je vous offre, Seigneur, cette sainte victime,
Qui par sa Passion, par son trépas sublime,
Dans un élan d'amour pour notre humanité,
Obtint notre pardon de la Divinité.
C'est au nom de Jésus que je vous rends hommage,
Et qu'à la voix du prêtre unissant mon langage,
Unissant ma prière à ses désirs pieux,
J'adore en ce moment le Souverain des cieux.

Ainsi soit-il !

CONFITEOR.

De trop d'iniquités dont mon âme est confuse,
Devant vous, ô Seigneur, humblement je m'accuse;
Et dans le sentiment de mon indignité,
Je confesse à Jésus, le Dieu de charité,
A la Vierge Marie, à saint Michel Archange,
Qui jadis conduisit la céleste phalange,
A saint Pierre, à saint Paul, saint Jean et tous les Saints,
Que j'ai du Tout-Puissant méconnu les desseins.
J'ai péché par ma faute, et maintenant je prie
Les Apôtres, les Saints et la Vierge Marie,
Et tous les bienheureux, d'intercéder pour moi.
Seigneur, si j'ai souvent oublié votre loi,

Faites miséricorde ; exaucez ma prière.
Mon âme au repentir se livre tout entière ;
A ses nombreux péchés faites rémission,
Donnez-lui l'indulgence et l'absolution.

Ainsi soit-il !

KYRIE ELEISON.

Seigneur, ayez pitié de nous ;
Seigneur notre Dieu, notre père,
En vous notre faiblesse espère.
Nous vous adorons à genoux.

Vous, dont la mort sauva notre âme,
Rédempteur de l'humanité,
De la divine charité
En nos cœurs allumez la flamme.

O Jésus ! voyez sans courroux
Notre malheur, notre détresse ;
Soyez pour nous plein de tendresse :
Jésus, ayez pitié de nous !

Ainsi soit-il !

GLORIA IN EXCELSIS.

Hosanna ! gloire à Dieu notre divin Auteur !
Gloire à Dieu dans le ciel, et paix sur cette terre
A tous les cœurs soumis. Béni soit le mystère
Qui fait de notre Maître un Dieu libérateur.

Admirable Jésus, innocente victime,
Agneau pur et sans tache immolé sur la croix
Pour le salut de tous, daignez pour cette fois
Nous préserver encor de l'éternel abîme.

Christ infiniment bon, ô Sauveur Tout-Puissant,
Jésus, fils du Très-Haut, Jésus tout adorable,
Ainsi que l'Esprit-Saint, soyez-nous secourable,
Faites qu'à nos douleurs Dieu soit compatissant.

Ainsi soit-il !

ORAISON.

Accordez-nous, au nom de la Vierge Marie,
Et par le prêtre saint dont la voix vous en prie,
Tous les biens qu'il demande en cet instant pour nous;
Mes vœux, avec les siens, s'élèvent jusqu'à vous,
Seigneur. Donnez aussi même faveur suprême,
Grâce, protection, secours à ceux que j'aime;
Soutenez-nous, Jésus; faites-nous obtenir
De voir le jour béni qui ne doit pas finir.

Ainsi soit-il!

ÉPITRE.

Mon Dieu, j'ai le bonheur de posséder la foi
Et de savoir le prix de votre sainte loi ;
Plus heureux que ceux-là qui doivent sur la terre
Ignorer à jamais l'adorable mystère,
J'écoute avec respect les oracles sacrés,
Et de recueillement mes sens sont pénétrés
Quand je vois s'accomplir la parole divine.
Devant votre grandeur, ô mon Dieu, je m'incline ;
Que n'ai-je pour prier cette sublime ardeur
Qui des prophètes saints envahissait le cœur !
Que ne puis-je comme eux vous aimer, vous connaître,
Vous servir, m'attacher à vous, mon divin Maître,
Rivaliser de zèle et de sincérité
Avec les serviteurs de votre majesté !

Ainsi soit-il !

ÉVANGILE.

Ce ne sont plus, Seigneur, les Saints ni les Apôtres
Qui vont dans leurs discours me retracer les vôtres ;
C'est votre divin Fils que mon cœur entendra ;
C'est lui qui, par amour, de sa voix m'instruira.
Mais, hélas ! que me sert l'adorable parole
Si je n'obéis point à la divine école ?
Que me sert d'admirer, de confesser la foi,
Si de la charité je méconnais la loi ?
Je crois, et cependant je vis en incrédule ;
Faites que de Jésus je devienne l'émule.
Ne jugez pas mon cœur sur cet accablement
Dont il veut pour son Dieu triompher vaillamment.

Aidez-moi dans le bien, ranimez mon courage ;
Je crois en votre loi, Seigneur, et je m'engage
A suivre saintement vos maximes d'amour.
Faites que mon ardeur augmente chaque jour.

Ainsi soit-il !

CREDO.

Je crois en un seul Dieu, souverain créateur
De la terre et des cieux. Je crois au Rédempteur,
Notre divin Jésus, fils unique du Père,
Le Seigneur tout-puissant en qui notre âme espère.
Je crois que de tout temps, de toute éternité,
Comme Dieu, Jésus-Christ a toujours existé;
Que pour nous racheter il quitta le ciel même,
Et par le Saint-Esprit, ô miracle suprême,
Dans le sein de la Vierge aussitôt incarné,
Il fut le *Dieu fait homme* au salut destiné.
Sous Pilate il souffrit et fut mis au supplice,
Et mourant sur la croix s'offrit en sacrifice,
Puis fut enseveli. Mais tandis que son corps
Était mis au tombeau, son âme, chez les morts,

Son âme recueillant le prix de sa souffrance,
Aux justes éprouvés portait la délivrance.
Après trois jours entiers Jésus ressuscita,
Et devant les mortels près du Seigneur monta.
Dans la gloire éternelle, à la droite du Père
Le Sauveur est assis. Je crois que sur la terre
Pour juger les humains Jésus-Christ reviendra,
Et que toujours sur nous son règne durera.
Je crois au Saint-Esprit, Dieu juste et véritable,
Ainsi que Dieu le Père et le Fils adorable ;
Il doit être honoré, glorifié comme eux,
Car il est tout-puissant sur terre et dans les cieux.
Je crois à l'unité de notre chère Église
Romaine et catholique, aux Apôtres soumise.
Je crois en un baptême effaçant le péché
Par nos premiers parents à notre âme attaché ;
Je crois que les vivants et les morts vont paraître,
Au jugement dernier, devant le divin Maître ;
Et j'attends de mon Dieu la juste volonté
Pour entrer à jamais dans son éternité.

Ainsi soit-il !

OFFERTOIRE.

Père infiniment bon, Dieu puissant, immortel,
Quoique indigne de vous, je viens près de l'autel,
Au prêtre unir ma voix pour présenter l'Hostie ;
Jésus institua la sainte Eucharistie,
Et je veux vous l'offrir, moi votre serviteur,
Afin de reconnaître en vous mon Créateur ;
Pour expier mes torts, et par ce sacrifice
Attirer de mon Dieu la bonté protectrice
Sur tous mes bienfaiteurs, mes parents, mes amis,
Même sur les méchants dans le mal affermis.
Veuillez donc, en faveur de tous ceux que je cite,
Accepter de Jésus la mort et le mérite,
Et par la Passion, le martyre d'un Dieu,
Exaucer du pécheur la prière et le vœu.

Je recommande aussi l'Église, notre mère,
Tous les peuples chrétiens, les Princes, le Saint-Père,
Ainsi que les pasteurs professant parmi nous.
De tous les trépassés, Seigneur, souvenez-vous,
Et donnez à leur âme une paix éternelle.
Ayez pitié du pauvre, éclairez l'infidèle,
Pardonnez l'hérétique ; enfin mettez en moi
L'amour de mon prochain et l'ardeur de la foi.

Ainsi soit-il !

PRÉFACE.

Voici l'heureux moment où Jésus va paraître ;
Des Anges et des Saints voici l'auguste Maître.
Faites que votre esprit, Seigneur, pénètre en nous ;
Que nos cœurs recueillis ne pensent plus qu'à vous.
Comment ne pas bénir, adorer à toute heure
Celui qui parmi nous a choisi sa demeure ?
Comment ne pas s'unir à ce Dieu plein d'amour
Qui daigne sur la terre établir son séjour ?
En tout temps, en tous lieux, vous offrant mes louanges,
Je veux glorifier en vous le Roi des Anges,
Et mêlant ma prière aux chants des bienheureux,
Dans un joyeux transport répéter avec eux
Le cantique éternel de la sainte patrie.
Souffrez que, plein d'ardeur, à mon tour je m'écrie :

SANCTUS.

Saint, Saint, Saint, est le Maître adorable
Qui, prenant en pitié le pécheur misérable,
Daigne dans sa bonté s'abaisser jusqu'à lui.
Tandis que nous voici prosternés aujourd'hui
Devant ce Dieu puissant que l'univers adore,
Au ciel tous les élus le bénissent encore
Et contemplent, ravis, cette Divinité,
Qui ne se montre à nous que dans sa charité.

Ainsi soit-il!

CANON.

O Dieu! nous vous prions d'avoir pour agréable
L'offre que nous faisons de ce corps adorable,
Au nom de Jésus-Christ, notre divin Sauveur,
Qui du ciel nous rendit l'amour et la faveur ;
Bénissez, défendez, soutenez votre Église,
Le Pape, notre évêque, et toute âme soumise
A votre sainte loi ; je recommande aussi
Tous les pieux chrétiens qui sont présents ici,
Tous les justes absents, mais surtout ceux que j'aime,
Et pour lesquels, Seigneur, à la bonté suprême
Je demande en ce jour aide et protection.
Je m'unis humblement de cœur, d'intention,
A tous les Saints du ciel, à la Vierge Marie,
Au ministre zélé qui vous sert et vous prie.

Que n'ai-je en ce moment les désirs enflammés
Dont les cœurs autrefois se sentaient animés,
Tandis qu'ils souhaitaient d'adorer le Messie !
Que n'ai-je leur amour ! Mon âme s'associe
A ces ardents transports. Venez, ô Rédempteur,
De mes affreux péchés divin libérateur !
Venez pour notre bien accomplir ce mystère ;
Venez par votre amour régénérer la terre.
Il vient, l'Agneau de Dieu, par qui sont effacés,
Par qui seront remis tous nos méfaits passés.

Ainsi soit-il !

CONSÉCRATION

ÉLÉVATION DE L'HOSTIE.

Divin Jésus, Verbe incarné, je vous adore ;
Vrai Dieu qui, par amour, vous immolez pour moi,
Après tant de bonté, puis-je tarder encore
A vous donner mon cœur, à vous donner ma foi?

Ainsi soit-il !

ÉLÉVATION DU CALICE.

Adorons humblement, ô pécheurs que nous sommes,
De notre doux Jésus le sang si précieux,
Ce sang qui fut versé pour le salut des hommes,
Et calma le courroux du Souverain des cieux.
Pour témoigner ici de ma reconnaissance,
Je vous offre le mien, divine Majesté;
Mon cœur vous appartient et se soumet d'avance
A toutes les rigueurs de votre volonté !

Ainsi soit-il !

PENDANT LE CANON

APRÈS L'ÉLÉVATION.

Quels seraient donc mon crime et mon ingratitude
Si de vous offenser je gardais l'habitude,
Seigneur, après avoir sous vos yeux assisté
A l'immolation de la Divinité !
Je n'oublierai jamais cette cérémonie
Où Jésus, par excès de tendresse infinie,
Jésus le Roi des rois, Jésus tout immortel,
Pour exaucer nos vœux vient s'offrir sur l'autel.
Voilà, Dieu tout-puissant, l'holocauste sublime
Sans tache et sans péché, l'adorable victime
Que nous vous présentons ; elle est digne de vous :
Au nom de votre Fils, Seigneur, bénissez-nous.

Que par ce doux Sauveur la peine soit remise
A tous ceux qui sont morts dans la paix de l'Église.
Il en est que mon cœur aima plus tendrement;
Seigneur, délivrez-les de l'éternel tourment.
Daignez nous accorder un jour ce bien suprême
De pouvoir dans les cieux, avec la Vierge même,
Les Martyrs et les Saints, aux Anges nous unir,
Pour vous glorifier, vous louer, vous bénir.

Ainsi soit-il!

PATER.

Quel bonheur, ô mon Dieu, de vous avoir pour Père!
Que votre divin nom soit connu sur la terre,
Sanctifié, béni comme il doit l'être aux cieux;
Que votre règne arrive, et qu'il soit glorieux.
Que toute volonté sous la vôtre fléchisse;
Que tout pouvoir humain, devant votre justice,
Avouant sa faiblesse et son indignité,
Soumette ses décrets à votre autorité.
Dieu tout-puissant, daignez à votre créature,
Et de l'âme et du corps donner la nourriture.
Pour l'amour de vous-même, et pour votre saint nom,
A tous nos ennemis nous offrons le pardon;

Le nôtre est en vos mains. Pardonnez à notre âme;
C'est le bien précieux qu'à vos pieds je réclame;
Et puisse votre grâce, à l'heure du danger,
Contre l'esprit du mal, Seigneur, nous protéger.

Ainsi soit-il!

AGNUS DEI.

O Christ, Agneau de Dieu pour moi-même immolé,
Ayez pitié de moi, mon cœur est désolé;
De la Rédemption ô victime adorable,
Tournez vers le pécheur un regard favorable.
Sur nous daignez encor répandre vos bienfaits;
O divin Médiateur, donnez-nous votre paix.

Ainsi soit-il!

COMMUNION.

O bien-aimé Jésus, pour moi qu'il serait doux
D'être admis à l'honneur de m'approcher de vous;
De partager le pain de votre Sainte Table
Avec ceux que remplit la piété véritable!
Quel serait mon bonheur si je pouvais comme eux
Adorer dans mon cœur le Fils du Roi des cieux,
Celui qui nous accorde une faveur insigne
En se donnant à nous! Mais j'en suis trop indigne.
O mon Dieu, suppléez à ce qui manque en moi;
Pardonnez mes péchés, et recevez ma foi.
Je me sens animé du désir salutaire
De m'unir à Jésus dans le divin mystère;
Mais c'est à vous, Seigneur, qu'appartient le pouvoir
De préparer mon âme à vous bien recevoir.

En vous, mon doux Sauveur, est ma seule espérance.
Venez par votre amour soulager ma souffrance;
Pour me purifier de toute iniquité,
N'ai-je pas droit aux fruits de votre charité?

Ainsi soit-il!

APRÈS LA COMMUNION

PENDANT LES DERNIÈRES ORAISONS.

Vous vous êtes, Seigneur, immolé pour mon bien ;
Pour vous glorifier je n'épargnerai rien.
De votre amour divin le sublime langage
M'a rendu la vertu, la force et le courage ;
Vous avez condamné par votre humilité,
Par votre obéissance et votre charité,
Tous les égarements d'une âme pécheresse
Qui déplore aujourd'hui sa coupable faiblesse.
C'en est fait maintenant, je veux vous obéir ;
A vous seul, ô mon Dieu, je veux appartenir.
J'accepte avec ardeur les croix, les sacrifices
Que vous m'imposerez ; mon cœur avec délices

Supportera les maux venant de votre main ;
La souffrance des cieux nous ouvre le chemin.
Je dois ce dévouement à la bonté suprême,
Je dois vous immoler jusqu'à mon bonheur même ;
Il faut que désormais on reconnaisse en moi
Un disciple zélé de l'adorable Loi.

Ainsi soit-il !

BÉNÉDICTION.

Bénissez, ô mon Dieu, ces résolutions ;
Et puissent les effets des bénédictions
Que vous nous envoyez par le prêtre fidèle,
Nous aider à gagner cette vie éternelle,
Au nom de Dieu le Père, au nom de Jésus-Christ
Notre divin Sauveur, au nom du Saint-Esprit.

Ainsi soit-il !

DERNIER ÉVANGILE.

Verbe divin, vrai Dieu, Fils unique du Père,
De notre humanité radieuse lumière,
Si malgré vos bienfaits il se peut qu'ici-bas
Il soit encor des cœurs où vous ne régniez pas,
Et qui pour le Sauveur n'osent vous reconnaître,
D'un tel aveuglement, ô mon bien-aimé Maître,
Par votre Saint-Esprit daignez me préserver.
Votre abandon sublime a su me captiver,
Et rien ne vaut pour moi l'adorable héritage
Qu'aux amis de Jésus Dieu réserve en partage.
Mais pour le mériter, c'est peu de mon amour,
Mon âme à vous servir emploiera chaque jour.
Verbe fait chair, avec respect je vous adore,
Je mets ma confiance en vous, j'espère encore
Qu'à l'heure de ma mort, au ciel j'irai trouver
Le Dieu qui s'est fait homme afin de nous sauver.

Ainsi soit-il !

PRIÈRE APRÈS LA MESSE.

Je bénis de mon Dieu la bonté protectrice
Qui m'a fait assister au divin sacrifice,
Quand tant d'autres chrétiens n'ont pas eu ce bonheur.
Si j'ai manqué d'amour, de respect, de ferveur;
Si de quelque péché, de quelque négligence
Mon âme s'est souillée en la sainte présence
Du Seigneur tout-puissant, au nom de mon Sauveur,
Pour cette fois encor pardonnez à mon cœur.
Je me rends maintenant où votre voix m'appelle,
Gardant de vos bienfaits le souvenir fidèle;
Je veux de ma pensée éloigner tout désir
Qui pourrait vous causer tristesse ou déplaisir.
Mon esprit, pénétré de ce qu'il vient d'entendre,
Sur vos intentions ne saurait se méprendre;
Mais pour pouvoir lutter et triompher toujours,
De la grâce, ô mon Dieu, prêtez-moi le secours.

Sans vous, je ne suis rien que misère et faiblesse ;
Avec vous, s'il le faut, je combattrai sans cesse,
Et dussé-je expirer pour confesser ma foi,
Souffrir pour mon Sauveur sera trop doux pour moi.

Ainsi soit-il !

PRIÈRES DU MATIN

PRIÈRES DU MATIN

Au nom du Père, du Fils et du Saint-Esprit.

METTONS-NOUS EN LA PRÉSENCE DE DIEU
ET ADORONS-LE.

Seigneur ici présent, ô mon divin Auteur,
De la terre et des cieux souverain Créateur,
Très-Sainte-Trinité, seul vrai Dieu, Roi du monde,
C'est le cœur pénétré d'humilité profonde
Que pour vous adorer je viens, en ce moment,
Devant vous m'incliner avec recueillement.

Ainsi soit-il !

ACTE DE FOI.

O Lumière éternelle, Astre de vérité
De qui nous recevons la divine clarté,
Je crois très-fermement ce que pour votre gloire
L'Église catholique à mon âme fait croire,
Puisqu'en vous seul, Seigneur, elle a mis sa vertu,
Et pour votre saint nom souffert et combattu.

Ainsi soit-il !

ACTE D'ESPÉRANCE.

O mon Dieu, bénissez en moi cette espérance
Que vous m'accorderez par la mort, la souffrance
De Jésus mon Sauveur, votre grâce ici-bas ;
Et si de vos desseins je ne m'écarte pas,
A vos commandements si je reste fidèle,
J'espère être reçu dans la vie éternelle ;
Car c'est vous, Dieu clément, vous qui l'avez promis
A ceux qui dans la paix se seront endormis.

Ainsi soit-il !

ACTE DE CHARITÉ.

Je vous dois mon salut, aimable Rédempteur,
Maître infiniment bon, divin consolateur.
Vous qui m'avez aimé jusqu'à la douleur même,
Adorable Jésus, sachez que je vous aime,
Et qu'afin d'obéir à votre douce loi,
J'aime pour votre amour mon prochain plus que moi.

Ainsi soit-il !

REMERCIONS DIEU DES GRACES QU'IL NOUS A FAITES, ET OFFRONS-NOUS A LUI.

Je vous rends grâce, ô Dieu plein de miséricorde,
Des dons et des faveurs que votre main m'accorde.
N'est-ce pas par l'effet de votre tendre amour
Qu'il m'est donné, Seigneur, de voir encor ce jour?
Je veux le consacrer tout à votre service,
Et de tous mes désirs faisant le sacrifice,
N'avoir qu'une pensée et qu'un but désormais :
Vous rendre par mes soins l'excès de vos bienfaits.

Ainsi soit-il !

FORMONS LA RÉSOLUTION D'ÉVITER LE PÉCHÉ ET DE PRATIQUER LA VERTU.

A votre exemple saint que ne suis-je fidèle,
O bien-aimé Jésus ! Vous êtes le modèle
De toutes les vertus, et votre humilité
Condamne de mon cœur la sotte vanité.
Je veux, ô mon Sauveur, vous être en tout semblable,
Je veux pour votre amour devenir charitable,
Me soumettre à vos lois avec docilité,
Avoir votre douceur et votre chasteté,
Souffrir sans murmurer, vous servir avec zèle,
A votre voix, Seigneur, n'être jamais rebelle,
De la tentation éviter le danger,
Et de tous mes défauts pour vous me corriger.

Ainsi soit-il !

DEMANDONS A DIEU LES GRACES QUI NOUS SONT NÉCESSAIRES.

Mon Dieu, vous connaissez mes maux et ma faiblesse ;
Que puis-je, sans la grâce et sans votre tendresse?
Soutenez ma ferveur ; daignez du haut des cieux
Accorder à mon cœur un secours précieux.
Envoyez-lui surtout la force nécessaire
Pour combattre le mal et ne jamais déplaire
A votre Majesté ; pour pratiquer le bien,
Vivre en vous adorant et mourir en chrétien.

Ainsi soit-il !

PATER.

Quel bonheur, ô mon Dieu, de vous avoir pour père!
Que votre divin nom soit connu sur la terre,
Sanctifié, béni comme il doit l'être aux cieux.
Que votre règne arrive et qu'il soit glorieux,
Que toute volonté sous la vôtre fléchisse ;
Que tout pouvoir humain, devant votre justice
Avouant sa faiblesse et son indignité,
Soumette ses décrets à votre autorité.
Dieu tout-puissant, daignez à votre créature
Et de l'âme et du corps donner la nourriture.
Pour l'amour de vous-même et pour votre saint nom,
A tous nos ennemis nous offrons le pardon ;

Le nôtre est en vos mains ; pardonnez à notre âme,
C'est le bien précieux qu'à vos pieds je réclame ;
Et puisse votre grâce, à l'heure du danger,
Contre l'esprit du mal, Seigneur, nous protéger!

Ainsi soit-il !

AVE, MARIA.

Salut, Vierge Marie, ô Mère du Sauveur!
De la grâce de Dieu vous avez la faveur,
Et vous êtes bénie entre toutes les femmes,
Ainsi que Jésus-Christ, le Rédempteur des âmes,
Le fruit de votre chair, parmi nous est béni.
A nos cœurs par l'amour le Sauveur est uni;
Daignez en son saint nom, ô Vierge bienheureuse,
Envers tous les pécheurs vous montrer généreuse:
Vous êtes l'espérance, et le ciel est le port;
Guidez-nous, ô Marie! à l'heure de la mort.

Ainsi soit-il!

CREDO.

Je crois en un seul Dieu, souverain Créateur
De la terre et des cieux. Je crois au Rédempteur
Notre divin Jésus, Fils unique du Père,
Le Seigneur tout-puissant en qui notre âme espère.
Je crois que de tout temps, de toute éternité,
Comme Dieu, Jésus-Christ a toujours existé;
Que pour nous racheter il quitta le ciel même,
Et par le Saint-Esprit, ô miracle suprême,
Dans le sein de la Vierge aussitôt incarné,
Il fut le Dieu fait homme, au salut destiné.
Sous Pilate il souffrit et fut mis au supplice,
Et mourant, sur la croix s'offrit en sacrifice,
Puis fut enseveli ; mais tandis que son corps
Était mis au tombeau, son âme, chez les morts,

Son âme recueillant le prix de sa souffrance,
Aux justes éprouvés portait la délivrance.
Après trois jours entiers Jésus ressuscita,
Et devant les mortels près du Seigneur monta.
Dans la gloire éternelle, à la droite du Père,
Le Sauveur est assis. Je crois que sur la terre
Pour juger les humains Jésus-Christ reviendra,
Et que toujours sur nous son règne durera.
Je crois au Saint-Esprit, Dieu juste et véritable
Autant que Dieu le Père et le Fils adorable ;
Il doit être honoré, glorifié comme eux,
Car il est tout-puissant sur terre et dans les cieux.
Je crois à l'unité de notre chère Église
Romaine et catholique, aux Apôtres soumise.
Je crois en un baptême effaçant le péché
Par nos premiers parents à notre âme attaché.
Je crois que les vivants et les morts vont paraître
Au jugement dernier devant le divin Maître,
Et j'attends de mon Dieu la juste volonté
Pour entrer à jamais dans son éternité.

Ainsi soit-il !

CONFITEOR.

De trop d'iniquités dont mon âme est confuse,
Devant vous, ô Seigneur, humblement je m'accuse;
Et dans le sentiment de mon indignité,
Je confesse à Jésus, le Dieu de charité,
A la Vierge Marie, à saint Michel Archange,
Qui jadis conduisit la céleste phalange,
A saint Pierre, à saint Paul, saint Jean et tous les Saints,
Que j'ai du Tout-Puissant méconnu les desseins.
J'ai péché par ma faute, et maintenant je prie
Les Apôtres, les Saints et la Vierge Marie,
Et tous les bienheureux, d'intercéder pour moi.
Seigneur, si j'ai souvent oublié votre loi,

Faites miséricorde ; exaucez ma prière.
Mon âme au repentir se livre tout entière;
A ses nombreux péchés faites rémission,
Donnez-lui l'indulgence et l'absolution.

Ainsi soit-il!

INVOQUONS LA SAINTE VIERGE, NOTRE BON ANGE ET NOTRE SAINT PATRON.

A la Sainte Vierge.

Sainte Mère de Dieu, ma mère et ma patronne,
A votre charité mon âme s'abandonne;
Soyez de tous mes maux la consolation,
De mon cœur le refuge et la protection.
Intercédez pour moi, soyez-moi secourable
Auprès de mon Jésus, votre Fils adorable.
Mon salut, ô Marie! est en votre pouvoir,
Et de votre amour seul je veux le recevoir.

Ainsi soit-il!

Au saint Ange.

Céleste gardien, ma force et mon égide,
Ange des cieux, fidèle et charitable guide
Que Dieu dans sa tendresse a placé près de moi
Pour enflammer mon zèle et soutenir ma foi,
Obtenez du Seigneur la grâce tulélaire
Pour un cœur animé du désir de lui plaire;
Et faites que, fidèle à ses commandements,
J'expie avec bonheur tous mes égarements.

Ainsi soit-il!

Au saint Patron.

Grand Saint du Paradis, dont je porte le nom,
Que par vous le Seigneur m'accorde son pardon,
Afin qu'après avoir suivi sur cette terre
De toutes vos vertus l'exemple salutaire,
Je puisse ainsi que vous, pendant l'éternité,
Adorer à jamais le Dieu de vérité.

Ainsi soit-il!

PRIÈRES DU SOIR

PRIÈRES DU SOIR

Au nom du Père, du Fils et du Saint-Esprit.
Ainsi soit-il!

METTONS-NOUS EN LA PRÉSENCE DE DIEU
ET ADORONS-LE.

Mon Dieu, je vous adore avec l'humilité
Qu'inspire à ma ferveur votre Divinité;
Je crois en vous, Seigneur, vous la vérité même;
Mon âme espère en vous, vous bénit et vous aime,
Et je veux pour Jésus, mon aimable Sauveur,
Donner à mon prochain tout l'amour de mon cœur.

Ainsi soit-il!

REMERCIONS DIEU DES GRACES QU'IL NOUS A FAITES.

Seigneur, vous me comblez; que vous rendre en retour
Des dons que votre main m'accorde chaque jour?
Je vous dois tout, ô Dieu dont la bonté sublime,
Après m'avoir créé, me sauva de l'abîme
En mourant sur la croix pour le bien des pécheurs.
Profondément touché de semblables faveurs,
Que puis-je faire, hélas! en ma reconnaissance,
Pour louer dignement votre toute-puissance?
Bienheureux habitants du royaume des cieux,
Unissez à ma voix vos chants délicieux,
Prêtez-moi vos accents, Martyrs, et vous, saints Anges,
Pour prier le Seigneur et chanter ses louanges,
Pour que je puisse offrir à mon Sauveur Jésus
Les soins et les honneurs qui par moi lui sont dus.

Ainsi soit-il!

DEMANDONS A DIEU DE CONNAITRE NOS PÉCHÉS.

De lumière éternelle ô source véritable,
Esprit-Saint, dissipez le voile détestable
Qui cache à mes regards la laideur du péché.
Faites que de tout mal à jamais détaché,
Mon cœur à votre loi reste toujours fidèle ;
Qu'il montre à vous servir plus d'amour et de zèle,
Et que par sa ferveur et sa docilité
Il ait part aux bienfaits de votre charité.

Ainsi soit-il !

EXAMINONS-NOUS SUR LES PÉCHÉS COMMIS.

Envers Dieu. — Négligence ou omission de nos devoirs de piété, irrévérence à l'Église, distractions dans les prières, jurements, murmures, manque de résignation.

Envers le prochain. — Manque de respect, d'obéissance, de zèle, de charité, de fidélité. Calomnie, médisance, jugements téméraires, haine, jalousie, mauvais exemple.

Envers nous-mêmes. — Vanité, mensonge, paresse, intempérance, colère; désirs, discours, actions contraires à la modestie.

ACTE DE CONTRITION.

Me voici pénétré de honte et de tristesse
Pour avoir du Seigneur méconnu la tendresse.
Puisse le repentir dont je suis animé
Calmer votre courroux, ô Jésus bien-aimé !
Hélas ! était-ce là ce qu'il fallait attendre
Après avoir pour moi souffert jusqu'à répandre
Votre sang précieux? O mon Maître et mon Roi,
En vous est mon espoir, ma lumière et ma foi ;
Et je vous bénirai dans votre rigueur même.
Mais si, par un retour de la bonté suprême,
Dont j'ai toute ma vie éprouvé les effets,
Il vous plaît d'ajouter à vos nombreux bienfaits

Quelque faveur utile au salut de mon âme,
Accordez-moi, Seigneur, le b en que je réclame,
Le seul bien dont mon cœur soit avide et jaloux :
C'est le temps d'expier tous mes torts envers vous.

Ainsi soit-il!

ACTE DE BON PROPOS.

Que je voudrais, mon Dieu, n'avoir jamais péché!
Mais par le repentir profondément touché,
Sincèrement contrit d'avoir pu vous déplaire,
Je veux, pour apaiser votre juste colère,
Prendre dès aujourd'hui le saint engagement
De bannir de mon cœur tout mauvais sentiment;
Et s'il se peut, Seigneur, qu'exauçant ma prière,
Vous m'accordiez la grâce, ainsi que je l'espère,
Il n'est point de plaisir dont le fatal pouvoir
Sache par ses attraits m'éloigner du devoir.

Ainsi soit-il!

PATER.

Quel bonheur, ô mon Dieu, de vous avoir pour Père !
Que votre divin nom soit connu sur la terre,
Sanctifié, béni, comme il doit l'être aux cieux ;
Que votre règne arrive, et qu'il soit glorieux ;
Que toute volonté sous la vôtre fléchisse ;
Que tout pouvoir humain, devant votre justice
Avouant sa faiblesse et son indignité,
Soumette ses décrets à votre autorité.
Dieu tout-puissant, daignez à votre créature,
Et de l'âme, et du corps, donner la nourriture.
Pour l'amour de vous-même et pour votre saint nom,
A tous nos ennemis nous offrons le pardon ;

Le nôtre est en vos mains ; pardonnez à notre âme ;
C'est le bien précieux qu'à vos pieds je réclame.
Et puisse votre grâce, à l'heure du danger,
Contre l'esprit du mal, Seigneur, nous protéger !

Ainsi soit-il !

AVE, MARIA.

Salut, Vierge Marie, ô Mère du Sauveur !
De la grâce de Dieu vous avez la faveur,
Et vous êtes bénie entre toutes les femmes.
Ainsi que Jésus-Christ, le Rédempteur des âmes,
Le fruit de votre chair parmi nous est béni.
A nos cœurs par l'amour le Sauveur est uni;
Daignez en son saint nom, ô Vierge bienheureuse,
Envers tous les pécheurs vous montrer généreuse.
Vous êtes l'espérance, et le ciel est le port :
Guidez-nous, ô Marie, à l'heure de la mort.

Ainsi soit-il !

CRÉDO.

Je crois en un seul Dieu, souverain Créateur
De la terre et des cieux. Je crois au Rédempteur,
Notre divin Jésus, Fils unique du Père,
Le Seigneur tout-puissant en qui notre âme espère.
Je crois que de tout temps, de toute éternité,
Comme Dieu, Jésus-Christ a toujours existé ;
Que pour nous racheter il quitta le ciel même,
Et par le Saint-Esprit, ô miracle suprême !
Dans le sein de la Vierge aussitôt incarné,
Il fut le Dieu *fait homme* au salut destiné.
Sous Pilate il souffrit et fut mis au supplice,
Et mourant sur la croix s'offrit en sacrifice,
Puis fut enseveli. Mais tandis que son corps
Était mis au tombeau, son âme, chez les morts,

Son âme recueillant le prix de sa souffrance,
Aux justes éprouvés portait la délivrance.
Après trois jours entiers Jésus ressuscita,
Et devant les mortels près du Seigneur monta.
Dans la gloire éternelle, à la droite du Père,
Le Sauveur est assis. Je crois que sur la terre,
Pour juger les humains, Jésus-Christ reviendra,
Et que toujours sur nous son règne durera.
Je crois au Saint-Esprit, Dieu juste et véritable,
Autant que Dieu le Père et le Fils adorable ;
Il doit être honoré, glorifié comme eux,
Car il est tout-puissant sur terre et dans les cieux.
Je crois à l'unité de notre chère Église
Romaine et catholique, aux Apôtres soumise ;
Je crois en un baptême effaçant le péché
Par nos premiers parents à notre âme attaché.
Je crois que les vivants et les morts vont paraître,
Au jugement dernier, devant le divin Maître,
Et j'attends de mon Dieu la juste volonté
Pour entrer à jamais dans son éternité.

Ainsi soit-il !

CONFITEOR.

De trop d'iniquités dont mon âme est confuse,
Devant vous, ô Seigneur, humblement je m'accuse,
Et dans le sentiment de mon indignité,
Je confesse à Jésus, le Dieu de charité,
A la Vierge Marie, à saint Michel Archange,
Qui jadis conduisit la céleste phalange,
A saint Pierre, à saint Paul, saint Jean et tous les Saints,
Que j'ai du Tout-Puissant méconnu les desseins.
J'ai péché par ma faute, et maintenant je prie
Les Apôtres, les Saints et la Vierge Marie,
Et tous les bienheureux, d'intercéder pour moi.
Seigneur, si j'ai souvent oublié votre loi,

Faites miséricorde ; exaucez ma prière.
Mon âme au repentir se livre tout entière ;
A ses nombreux péchés faites rémission,
Donnez-lui l'indulgence et l'absolution.

Ainsi soit-il !

RECOMMANDONS-NOUS A DIEU, A LA SAINTE VIERGE ET AUX SAINTS.

Seigneur, dont la bonté sur moi daigne s'étendre,
Bénissez le repos que ce soir je vais prendre
Pour réparer ma force et pour vous mieux servir.
Et vous, Vierge sans tache, exaucez mon désir
En priant Dieu pour moi, quand de la délivrance
L'instant sera venu. Toute mon espérance
Est en vous, ô Marie! et j'attends mon pardon
De vous, de mon bon Ange, et de mon saint patron.

Ainsi soit-il!

PRIONS POUR LES VIVANTS ET POUR LES MORTS.

Bénissez, ô mon Dieu, tous ceux que ma prière
Recommande à vos soins, tous ceux que je révère,
Et dont le tendre amour, la vertu, la ferveur,
Ont servi de secours et d'exemple à mon cœur.
Soulagez les mourants, abrégez leur souffrance ;
A tous les affligés donnez quelque espérance ;
Daignez aux prisonniers rendre la liberté,
Aux aveugles la vue, aux faibles la santé ;
Accordez-nous à tous la force et le courage.
De la Rédemption pour couronner l'ouvrage,
Laissez le repentir à vos pieds adorés
Ramener chaque jour les peuples égarés.
Enfin, si dans l'excès de sa miséricorde
Il est encore un bien que mon Seigneur accorde

A mes pieux désirs, que ce soit le pardon
Des chrétiens qui sont morts sans absolution.
Épargnez-leur, grand Dieu, les peines éternelles ;
Donnez paix et repos à ces âmes fidèles.
Par le sang de Jésus leurs torts sont effacés :
Grâce, au nom du Sauveur, pour tous les trépassés !

Ainsi soit-il !

DEMANDONS A DIEU DE BÉNIR NOTRE DEMEURE.

Seigneur, veillez sur nous; qu'en tout temps, à toute heur
Votre divin esprit règne en notre demeure ;
Et qu'à tous vos desseins attentifs et soumis,
Nous puissions triompher des mortels ennemis.
Que pendant le sommeil votre Ange nous protége,
Afin que des élus augmentant le cortége,
Quand notre mort viendra, nous puissions avec eux
Être admis au bonheur de vous voir dans les cieux.

Ainsi soit-il !

PRIÈRE A TOUS LES SAINTS.

Ames du Paradis dont la vertu fidèle
Triomphe maintenant dans la gloire éternelle ;
Grands Saints, obtenez-moi la grâce et la faveur
De ne jamais déplaire au bien-aimé Sauveur.
Que mon cœur ici-bas par la douleur s'épure ;
Puisse-t-il du péché redouter la souillure,
Suivre l'exemple saint de toutes vos vertus,
Être béni des cieux et digne de Jésus !

Ainsi soit-il !

PRIÈRES

POUR

LA COMMUNION

PRIÈRES
POUR
LA COMMUNION

AVANT LA COMMUNION.

ACTE DE FOI.

ois-je croire, ô Jésus! à ce bonheur suprême
e recevoir en moi le doux Sauveur que j'aime!
omment à ce prodige aurais-je ajouté foi,
i vous ne l'aviez dit, vous mon Maître et mon Roi!
ui, je crois que c'est vous, Rédempteur adorable,
ous qui, dans un excès de tendresse admirable,
u céleste courroux voulant me préserver,
vez souffert la mort afin de me sauver,

i, tout glorieux, tout puissant que vous êtes
ilieu des Martyrs, des Saints et des Prophètes,
essez d'exister dans le saint sacrement
on cœur vous retrouve avec ravissement.
vous qu'il aperçoit sous l'espèce divine ;
egards sont trompés, qu'importe? il vous devine.
i-je besoin des sens pour soutenir ma foi,
ous avez promis de venir jusqu'à moi?

Ainsi soit-il !

ACTE D'HUMILITÉ.

---

suis-je, ô Dieu de gloire, ô Dieu de majesté,
r que votre regard sur moi soit arrêté?
ì me vient ce bonheur que je ne puis comprendre,
en mon âme aujourd'hui Jésus veuille descendre?
, serviteur ingrat, esclave du péché,
le trépas du Christ à l'enfer arraché!
, pauvre créature, oser du pain céleste
sasier mon cœur! Ah! Seigneur, je proteste
tre la charité qui livre mon Sauveur
trop indigne objet d'une telle faveur.
des cieux, Roi du monde, aimable Providence
t l'amour est sublime et le pouvoir immense,
s vous vous abaissez pour notre enseignement,
s je sens en mon cœur grandir le sentiment

De mon indignité. Confus de ma faiblesse,
C'est à votre bonté, Seigneur, que je m'adresse
Pour obtenir la grâce et les saintes vertus
Dont je veux faire offrande à mon divin Jésus.

Ainsi soit-il !

ACTE DE CONTRITION.

Dieu de miséricorde, ô Rédempteur divin,
Que jamais le pécheur ne dut prier en vain,
Quoi ! malgré mes erreurs, vous consentez encore
A venir jusqu'à moi ! Combien je les abhorre,
Tous ces affreux péchés que mon cœur a commis !
A votre volonté désormais plus soumis,
Je veux vous témoigner, ô mon aimable Père,
La douleur que m'inspire un repentir sincère,
Et me voici, Seigneur, implorant à genoux
Le pardon que j'attends pour m'approcher de vous :
O mon Dieu, pardonnez à votre créature ;
De son âme effacez au moins toute souillure,
Faites-lui retrouver cet esprit innocent
Qui doit être agréable au Fils du Tout-Puissant.

Longtemps par le péché cette âme fut flétrie ;
Mais l'amour la ramène à la sainte patrie,
Et c'en est fait ! Satan ne doit plus habiter
Le temple que Jésus se plaît à visiter.

Ainsi soit-il !

ACTE D'ESPÉRANCE.

Vous vous donnez à moi, divine Providence !
Et ce doux abandon me remplit d'espérance :
Jésus s'offre à mon cœur, il veut m'appartenir.
De son amour quel bien ne pourrai-je obtenir !
Me voici, Dieu puissant ; j'attends de vos promesses
Le charitable effet ; de toutes mes faiblesses,
De mon aveuglement et de ma pauvreté
Je puis guérir encor par votre volonté.
Mon âme cherche en vous la force et la lumière,
Ne lui refusez pas le secours qu'elle espère.
Quand de me visiter un Dieu me fait l'honneur,
Puis-je à d'autres qu'à lui deman der le bonheur !

Ainsi soit-il !

ACTE DE DÉSIR.

Est-il possible, ô Dieu ! que vous soyez jaloux
De descendre en mon âme et de m'unir à vous ?
Venez, Agneau sacré, venez, chair adorable,
Sang bien-aimé du Christ qu'un pécheur misérable
Va ravir aux élus du royaume des cieux.
Nourriture divine, ô pain délicieux,
Vous êtes mon trésor, ma douceur et ma joie
Venez, ô mon Jésus, il faut que je vous voie ;
Mon âme impatiente aspire avec ardeur
Au moment d'approcher de ce Dieu Rédempteur
Qui par excès d'amour à mes désirs s'immole ;
Mon cœur est déjà prêt ; mais par une parole,
S'il le faut, ô Jésus, vous pouvez l'attendrir ;
Il suffit d'un regard pour vous le conquérir.

De votre charité déjà je sens la flamme
Envahir ma pensée et dévorer mon âme.
Le ciel s'ouvre pour moi... car vous m'appartenez !
Tout mon bonheur est là... venez, Seigneur, venez !

Ainsi soit-il !

APRÈS LA COMMUNION.

ACTE D'ADORATION.

Adorable Majesté de Dieu, mon divin Maître,
Devant qui s'avouerait indigne de paraître
Toute autre Majesté de la terre et des cieux,
Me voici près de vous, humble et silencieux,
Et cherchant dans l'ardeur de ma reconnaissance
Le moyen d'honorer votre toute-puissance,
De vous glorifier autant que je le dois,
De rendre un juste hommage au Dieu saint, Roi des rois,
Devant qui tout pouvoir reconnaît ses faiblesses,
Toute clarté se change en ténèbres épaisses,
Tout trésor, toute gloire, toute prospérité,
N'est plus qu'illusion, misère et pauvreté.

Je vous adore, ô Dieu qui régnez en moi-même!
Salut, honneur, amour à la grandeur suprême.
Béni soit le Seigneur qui veut m'appartenir,
Et qui daigne à mon cœur intimement s'unir.

Ainsi soit-il!

ACTE D'AMOUR.

Enfin je vous possède, ô Sauveur adoré !
Du feu de votre amour je me sens pénétré ;
Mon cœur vous appartient, mais que n'est-il capable
De vous aimer autant que vous êtes aimable !
Lorsqu'à le visiter le Roi des cieux consent
Et daigne en sa bonté le nourrir de son sang,
Que ne peut-il payer cette faveur suprême
D'une pieuse ardeur ! O Jésus ! je vous aime !
Mon âme est captivée, elle se donne à vous ;
Pour vous prouver sa foi, tout mal lui sera doux.
Rien ne peut désormais rebuter sa tendresse.
Vous êtes mon bonheur, vous êtes ma richesse.
Le monde vainement voudrait nous séparer :
A mon divin Sauveur puis-je le préférer ?

Ainsi soit-il !

ACTE DE REMERCÎMENT.

Grand Dieu, pour exalter votre magnificence
Et faire acte d'amour et de reconnaissance,
Ah! que ne puis-je, hélas! exprimer dignement
De mon cœur attendri le doux enivrement!
Non content d'être mort pour me rendre à la vie,
Voilà qu'à son banquet le Seigneur me convie;
Afin que sans terreur je le puisse adorer,
De sa sainte présence il daigne m'honorer,
Et couronne ses dons par un bienfait sublime.
De votre charité si vous êtes victime,
Comment, ô doux Jésus, ne pas m'en souvenir
Pour vous glorifier! Oui, je veux vous bénir,

Vous prouver par mes soins toute ma gratitude,
Et veiller sur mon âme avec sollicitude,
En elle désormais respectant le saint lieu
Où daigna reposer mon Seigneur et mon Dieu.

Ainsi soit-il !

ACTE DE DEMANDE.

Source de tous les biens, Dieu juste et véritable,
Qui m'avez fait asseoir à votre sainte table,
Et dont la main divine a voulu me nourrir
Avec le pain des forts, daignez me secourir!
Vivez en moi, Seigneur ; que mon âme s'unisse
A la Divinité ; que tout passe et périsse
Avant que mon Sauveur soit par moi délaissé.
A visiter mon cœur Jésus s'est abaissé ;
De soulager mes maux jamais il ne se lasse,
Et pour mettre le comble aux bienfaits de sa grâce,
C'est pour moi que des cieux il descend aujourd'hui,
Et qu'il vient me prier de me donner à lui !
C'est par vous, ô Jésus, mon adorable Maître,
Que je veux exister ; vous seul pouvez connaître

Les besoins de ce cœur imparfait et léger
Dont la crainte suprême est de vous affliger.
Puissiez-vous établir en lui votre demeure,
Être toujours à lui jusqu'à la dernière heure,
Comme il veut être à vous par la fidélité,
Vivant de votre amour jusqu'à l'éternité !

Ainsi soit-il !

MESSE DE MARIAGE

MESSE DE MARIAGE

INTROÏT.

Que le Dieu d'Abraham daigne aux jeunes époux
Accorder son appui. Qu'il répande sur vous
Sa bénédiction. Heureux ceux que la crainte
Tient courbés sous son joug, et qui, de sa loi sainte
Ne s'écartant jamais,
Jouiront dans les cieux de l'éternelle paix!

Ainsi soit-il !

ORAISON.

:xaucez, Dieu puissant, notre ardente prière :
'uisse votre bonté protéger et bénir
:eux qui par le secours de votre ministère
\u pied de vos autels aujourd'hui vont s'unir !

Ainsi soit-il !

ÉPITRE.

Autant qu'à son Seigneur se soumet notre Église,
Que l'épouse chrétienne à l'époux soit soumise.
L'Église a pour Sauveur et pour chef Jésus-Christ ;
Elle obéit en tout à son divin esprit.
L'épouse à son époux obéira de même.
Jésus aima l'Église, et cet amour suprême
Fit que pour la sauver de toute iniquité
Il mourut sur la croix. De cette charité,
Maris, suivez l'exemple, et chérissez vos femmes.
Qu'une même pensée unisse vos deux âmes ;
C'est mettre son bonheur et sa tendresse en soi,
Que d'aimer la compagne en qui règne la foi.
C'est pourquoi le Seigneur en sa justice ordonne
Que pour suivre sa femme un époux abandonne

t son père et sa mère, afin que librement
t pour toujours unis de par le Sacrement,
es époux devant Dieu ne soient plus qu'un seul être :
a femme, en son mari reconnaissant son maître
t se laissant conduire avec docilité ;
e mari, plein d'amour dans son autorité.

Ainsi soit-il !

GRADUEL.

Des bienfaits du Seigneur si votre épouse est digne,
Ses jours s'écouleront dans la félicité;
Vertueuse et bénie, elle aura de la vigne
L'admirable fertilité.

Et si votre maison est à tous charitable,
Si tous les malheureux ont place en vos foyers,
Vos enfants grandiront autour de votre table
Ainsi que des plants d'oliviers.

Que par son Saint-Esprit le Seigneur vous envoie
Sa grâce inestimable et son divin secours;
Que Dieu soit avec vous! de lui vous vient la joie :
Que de toute infortune il préserve vos jours.

Ainsi soit-il!

ÉVANGILE [1].

En ce temps-là, les pharisiens s'approchèrent de Jésus pour le tenter, et lui dirent : Est-il permis à un homme de quitter sa femme pour quelque cause que ce soit? Il leur répondit : N'avez-vous point lu que Celui qui créa l'homme dès le commencement, le créa mâle et femelle, et qu'il dit : Pour cette raison, l'homme abandonnera son père et sa mère, et il s'attachera à sa femme, et ils seront deux dans une seule chair? Que l'homme donc ne sépare jamais ce que Dieu a joint.

[1] L'auteur, plein de respect pour la parole de Notre-Seigneur, a laissé l'Évangile en prose.

OFFERTOIRE.

Dieu de bonté, Dieu de clémence,
O Jésus, Sauveur des humains,
J'ai mis en vous mon espérance,
Et ma vie est entre vos mains.

Ainsi soit-il.

SECRÈTE.

Recevez tous les vœux que pour ce mariage
Sous vos divins regards le cœur aime à former;
Donnez à ces époux le bonheur en partage,
Et puisse leur amour dans la foi s'affirmer!

Ainsi soit-il!

BÉNÉDICTION DES MARIÉS.

Dieu! par qui la femme à l'époux est unie,
ar qui cette union est à jamais bénie,
uisque tel est le but de votre sacrement;
'il vous a plu, Seigneur, pour notre enseignement,
près avoir fait l'homme à votre sainte image,
e créer sa compagne, et par le mariage
e propager l'amour parmi l'humanité;
i pour nous pénétrer de votre volonté,
'Église, obéissant à son Chef adorable,
ous montre chaque époux de l'autre inséparable,
'est à vous, ô mon Dieu, d'accorder pour soutien
es faveurs de la grâce à ce couple chrétien.
aites que de Jésus pratiquant la doctrine,
'épouse arme son cœur d'une vertu divine,

Qu'elle ne soit qu'amour, douceur et chasteté
Pour celui qu'elle a pris en toute liberté.
Que son âme, au péché pieusement rebelle,
Sache à la foi jurée être toujours fidèle;
Qu'uniquement soumise aux désirs de l'époux,
Son bonheur soit en lui, son espérance en vous.
Pour achever votre œuvre, ô divin Créateur,
De la fécondité donnez-lui le bonheur.
Puissent vos serviteurs, avec votre assistance,
Connaître les bienfaits d'une longue existence.
Et jusqu'à vous, Seigneur, parvenir triomphants,
Après avoir béni les fils de leurs enfants!

Ainsi soit-il!

COMMUNION.

---

elui qui du vrai Dieu se fait le serviteur,
ar lui sera béni jusqu'en ses enfants même.
e Ciel aime à combler de sa faveur suprême
oute âme que remplit l'amour du Créateur.

Ainsi soit-il !

POSTCOMMUNION.

Nous vous prions, Seigneur, de conserver la paix
A ceux qui sont unis par votre Providence ;
De vos secours divins et de votre clémence
Puissent-ils, ô mon Dieu, ressentir les effets !

Ainsi soit-il !

BÉNÉDICTION.

---

ue le Dieu d'Abraham daigne aux jeunes époux
ccorder son appui; qu'il répande sur vous
a bénédiction. Heureux ceux que la crainte
ient courbés sous son joug, et qui, de sa loi sainte
Ne s'écartant jamais,
eront admis un jour dans l'éternelle paix!

Ainsi soit-il!

PRIÈRES

POUR

LES MORTS

PRIÈRES POUR LES MORTS

DE PROFUNDIS.

Ce sont mes cris, Seigneur, qui du fond de l'abîme
Se font entendre encor malgré votre courroux ;
De coupables erreurs mon cœur est la victime,
Et cependant j'espère en vous !

L'excès de mes péchés rend mon âme craintive,
Mais en votre bonté j'ai conservé ma foi ;
Prêtez à ma prière une oreille attentive,
Seigneur, ayez pitié de moi !

Car si vous nous jugez selon votre justice,
Sous le poids de la honte il nous faudra mourir ;
Mais non ; de votre amour la source protectrice
Pour nous ne peut jamais tarir.

J'ai mis ma confiance en la sainte parole,
Mon âme est recueillie, elle attend le Seigneur;
Il n'est point de douleur que ce Dieu ne console,
Il est le salut du pécheur.

Seul il peut des humains hâter la délivrance;
Tout bonheur est un don de son ardent amour;
Qu'Israël mette en lui toute son espérance,
Du matin à la fin du jour.

C'est à lui qu'appartient toute miséricorde,
Rien ne peut égaler sa générosité;
C'est en mourant pour nous que ce Dieu nous accorde
Les secours de sa charité.

Chargé de tes péchés, il va s'offrir lui-même;
Sa mort te rend la vie, ô peuple d'Israël;
C'est pour toi qu'il expire, et ce bienfait suprême
Doit t'ouvrir les portes du ciel!

Ainsi soit-il.

DIES IRÆ.

O jour trois fois heureux où la sainte colère
Remplira d'épouvante et les cieux et la terre,
Où devant l'Éternel les pécheurs paraîtront,
Où, comme l'ont prédit David et les prophètes,
A l'effroyable son des célestes trompettes,
Des sépulcres béants tous les morts sortiront!

Au pied du tribunal de l'implacable Juge
En vain les criminels chercheront un refuge;
Le Seigneur, d'un regard plein de sévérité,
Saura sonder le cœur de chaque créature,
Et sa voix, éveillant la mort et la nature,
Ira dans son tombeau frapper l'humanité.

Tandis qu'environné d'une terreur profonde,
L'ange du jugement sur le livre du monde
Fera le compte exact de nos iniquités,
D'un éclat tout divin brillera l'innocence,
Et ceux dont le Seigneur aura souffert l'offense
Dans le gouffre éternel seront précipités.

Si l'imposant aspect de la Majesté sainte
Épouvante le juste et le remplit de crainte,
Quel espoir pourra donc conserver le pécheur?
Si le courroux du ciel trouble le cœur du sage,
Si dans son innocence il manque de courage,
Que répondra l'impie à l'ange accusateur?

Mais jusqu'en sa vengeance un Dieu reste équitable,
Quel que soit son pouvoir immense et redoutable.
C'est un maître indulgent qui règne par l'amour.
Vous êtes pour mon bien descendu sur la terre,
O Jésus! c'est en vous que je crois, que j'espère;
Sauvez encor mon âme avant le dernier jour.

Du péché redoutant pour moi la servitude,
Je vous ai vu, Seigneur, plein de sollicitude,

Souffrir pour mon bonheur et mourir sur la croix.
Si le ciel accepta ce divin sacrifice,
Ne pouvez-vous encor désarmer sa justice?
Daignez en ma faveur élever votre voix.

De vous avoir trahi ma douleur est extrême;
Pardonnez-moi, Seigneur, avant le jour suprême;
De tout autre désir mon cœur est détaché.
La rougeur de la honte envahit mon visage,
Car plus grand fut l'amour, plus indigne est l'outrage,
Plus monstrueux encor m'apparaît le péché.

Vous avez accordé la grâce à Madeleine,
Et prête d'expirer, votre voix souveraine
A fait miséricorde au larron pénitent;
Et moi, dois-je subir l'éternelle souffrance?
Ne puis-je en vous, Seigneur, conserver l'espérance,
Puisque de mes erreurs me voici repentant?

Quoi! des feux de l'enfer je deviendrais la proie!
Ne le permettez pas; mais donnez-moi la joie
De vous glorifier avec les bienheureux;
Seigneur, quand vous aurez condamné les rebelles,

Et séparé des boucs les âmes des fidèles,
Puissé-je être compté dans les brebis des cieux !

Prosterné devant vous, ô Dieu, je vous supplie
D'avoir pitié de moi : mon âme s'humilie ;
Ne l'abandonnez pas à l'éternel remords.
Exaucez ma prière, ô Sauveur adorable !
Et daignez pardonner en ce jour déplorable
Où pour être jugés paraîtront tous les morts.

Ainsi soit-il.

TABLE

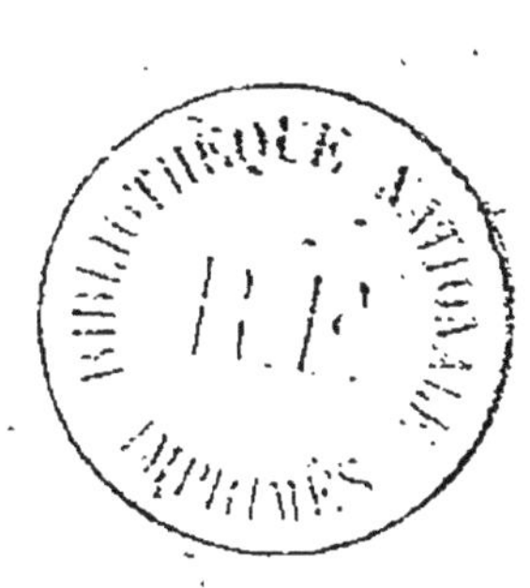

PARIS. TYPOGRAPHIE DE E. PLON ET Cie, RUE GARANCIÈRE, 8.

PARIS. TYPOGRAPHIE DE E. PLON ET Cie
RUE GARANCIÈRE, 8.

www.ingramcontent.com/pod-product-compliance
Ingram Content Group UK Ltd.
Pitfield, Milton Keynes, MK11 3LW, UK
UKHW020235220726
13923UKWH00002B/658

9 782016 146